마음 꽃

황의수 제2시집

채운재 시선 202

마음 꽃

황의수 제2시집

밤하늘 별을 담아
당신 꿈속에 환하게 피어나는
마음의 꽃을 전합니다

도서출판 채운재

시인의 말

짧다면 짧고, 길다면 긴 세월을
살아오면서
좋은 글들을 만나 위안을
받았습니다.

마음속에 피어오르는 감정을
글로 표현한다는 것은 결코
쉬운 일이 아니었습니다.

한 줄, 한 싯귀를 감성으로
담아내기 위해
오랜 시간을 붙잡고 있던 적도
있습니다.

수없이 퇴고를 거쳐
겨우 한 편의 시가 태어날 때면,
이렇게 어려운 길을
내가 왜 가야 하나
문득 회의가 찾아오기도 했습니다.

그러다 내 시 한 구절에
내 마음이 먼저 울리고 감동받는
순간이 오면
그 모든 고민이 위안과 기쁨으로
바뀌었습니다.

부족한 글이지만
이 시들이 나와 독자들의 마음에
작은 위로와 따뜻한 쉼표가
되었으면 합니다.

2025년 가을

황 의 수

시인의 말 … 4

1부
봄 향기

그대에게 … 12
입춘 … 13
화창한 아침 … 14
봄 … 16
봄볕 … 17
꼬마 아가씨 … 18
봄 아이들 … 19
봄 강아지 … 20
새로운 건축공법 … 21
빨래 … 22
봄봄봄 … 23
단비 … 24
목련 … 25
봄이 오는 소리 … 26
놀다 … 27
개나리 … 28
달가운 비 … 29
홍매화 … 30
봄 향기·1 … 31
봄 향기·2 … 32
아침가리 골 가는 날 … 33
하얀 꽃봉오리 … 34

경칩 … 35
고운 비 … 36
내 안에 비 … 37
안부 … 38
봄비 … 39
사월의 산책 … 40
봄의 고백 … 41
의암호의 꽃샘 … 42
봄날의 수다 … 43
꽃이 피기까지 … 44
꽃과 벌 … 45
벚꽃 아래 연서 … 46
나비는 바람둥이 … 47
봄의 노래 … 48
수선화 … 49
짧은 봄날 … 50
영산홍에게 … 51
희망 … 52
마음 꽃 … 53
나의 한 사람 … 54
바람과 꽃 … 56
힘들 때 … 58

2부
여름 장미

장미 한 송이 ··· 60
장미였던 사랑 ··· 61
그대라는 장미 ··· 62
여름 장미 ··· 63
장미와 그대 ··· 64
행복한 아침 ··· 65
오늘 ··· 66
중년의 외로움 ··· 67
길양이(외로움) ··· 68
그리움 ··· 69
비 오는 밤 ··· 70
비 내리는 오후 ··· 71
그때 그 사람 ··· 72
여인아 ··· 73
빗소리 ··· 74
커피 ··· 75
내 마음의 꽃 ··· 76
연륜(年輪) ··· 77
몸과 마음 ··· 78
빈손 ··· 79
아름다운 삶 ··· 80
봉숭아꽃 ··· 81
여름의 노래 ··· 82
장맛비 가시고 ··· 83

어제는 비 오늘은 폭염 · 84
소원바위 앞에서 ··· 85
소담하게 살다 ··· 86
날라리 벌 ··· 87
작은 빛 ··· 88
뜨거운 사랑 ··· 89
성삼재 ··· 90
폭염 아래서 ··· 91
그늘 ··· 92
비 오는 날의 순례자 ··· 93
살아 있다는 건 ··· 94
달비 ··· 96
한 송이 꽃 ··· 97
양귀비꽃 앞에서 ··· 98
잠시 머물다 ··· 99
달을 품은 월류봉 ··· 100
새벽을 열다 ··· 101
동반자 · 1 ··· 102
동반자 · 2 ··· 103
익어간다 ··· 104
저무는 인생길 ··· 105
헛되다 ··· 106
하룻길 ··· 107

차례 · 7

3부
가을이 오는 길목

처서 … 110
9월 … 111
술의 밤 … 112
그림자 … 113
가을이 오는 길목 … 114
가을 싣고 오다 … 115
가을 … 116
가을 햇살 … 117
가을 사랑 … 118
멀어진 사랑 … 119
구름 한 조각 … 120
詩와 연애 중 … 121
시월의 끝자락 … 122
커피잔에 담긴 사랑 … 123
만추(晚秋)·1 … 124
만추(晚秋)·2 … 125
춤추는 가을 … 126
산 … 127
가을색 … 128
가을밤 … 129
저무는 가을 … 130
세월 … 131
기다림 … 132

4부
겨울의 문턱에서

11월 … 134
겨울비 … 135
한로(寒露) … 136
입동(立冬) … 137
황혼에 들어 … 138
겨울의 문턱에서 … 139
첫눈 … 140
겨울 까치 … 141
홍시 … 142
눈 … 144
하얀 꽃밭 … 145
태백의 설경(雪景) … 146
동백꽃 … 147
동백의 겨울 … 148
혼란의 계절 … 149
곧 오는 봄처럼 … 150
희망의 멜로디 … 151

1부
봄 향기

그대에게

창문으로 들어오는
햇살의 문안인사

봄꽃향기 담아
그대에게 가는 길

파릇한 희망 돋아나고

나눔의 따뜻함이
장밋빛으로 물드는 사랑

그대가 웃으면
오늘도 행복한 날입니다

입춘

겨울의 잠결 속에서
새 순이 살며시 움트고,

까치의 아침 인사가
산뜻하게 들려오는
입춘의 아침

움츠렸던 마음 깨워
새봄을 맞이하리라

화창한 아침

밝은 햇살
창문 두드리는 소리에
부스스 눈 비비고
아침을 맞이합니다

아름다운 새소리
신록의 푸르름이
마음을 밝게 하고

화사한 햇볕 아래
살며시 고개 든 꽃들이
미소 띠며 인사하네요

바람에 실린 향기
살랑살랑 마음 간지럽히고
살아 숨 쉬는 모든 것들이
봄의 노래를 부릅니다

이제 하루를 시작하며
새로운 꿈을 안고
오늘도 봄처럼
따스하게 피어나려 합니다

봄

봄볕에 쑥쑥 자라나는
새순처럼
방울방울 매달린
꽃봉오리
목젖 드러내고 깔깔대듯

봄바람에 살랑이는
나뭇잎처럼
새로운 생명들 세상에
웃음 터뜨리네

계곡물소리 맞춰
새들의 노래 퍼지고
햇살 가득 대지 위
꽃들 춤추듯 피어나네

봄볕

따사로운 봄볕에
움츠렸던 마음 씻어내고

새싹 돋는 들판처럼
다시 희망을 심어 보네

살랑이는 바람에
지난 추억들은 흩어지고,

새로운 길 위에 꽃을 피우네

꼬마 아가씨

아지랑이 아롱아롱
들녘에 꽃 핀 자리

성급한 꼬마 아가씨
봄마중 노랑나비 날개옷

아장아장 걷는 모습
넘어질까 위태로워,

달래 냉이 밀쳐두고
각시붓꽃 먼저 피어 인사하네

봄 아이들

창문에 앉아
활짝 웃고 있는
봄 아이들

햇님에게
나 예뻐요

그래 너희들
참 예쁘구나
햇살로 안아주네

봄 강아지

봄바람 난 강아지
길거리를 헤매이다

해바라기하며
졸고 있는 길양이 만나

친구하자 애걸하다
싸대기 맞고
삼십육계 줄행랑이네

새로운 건축공법

시대의 변화에 따라
까치들도 신혼집을 짓는데
철근을 사용한다

나뭇가지 사이에
얼기설기 옷걸이를
사용하여 지은 집
엉성해 보이는 보금자리
이곳에서
또 한 세대를 이을 것이다

비바람이 몰아친다 해도
잘 견디어 낼 것 같다
까치들도 인간의
건축 공법을 모방했을까

빨래

이제 봄이다

마음에 먼지 털어 내고

묵은 생각 깨끗이 씻어

구김살을 펴자

봄봄봄

뜰 앞 꼬마 민들레
여린 싹 올리어
수줍게 웃어주고

창문 밖 산수유
꽃망울 피워내며
버들강아지 흔드는
살랑이는 봄바람

들녘 아지랑이
피어오르고
아련한 향기 따라
희망의 노래
온 누리에 퍼지네

단비

안개비 소리 없이
마른 땅을 적시니
새싹들 힘 돋우고
갓 피어난 꽃봉오리
웃음 짓게 하는 아침

부드러운 흙 위에
물방울 춤추며
생명의 숨결 더해 주니

새 잎들 속삭이는
메마른 가지 끝에
희망의 싹이 돋아난다

단비에 젖은 대지는
환한 얼굴로 빛나고
세상은 다시
푸르른 꿈을 꾼다

목련

두꺼운 껍데기
벗어던지고

감추었던 하얀 속살
밝게 드러내니

고귀한 너의 자태에
누군들 홀리지 않을까

그 밝고 화사함 속에
묻히고 싶다

봄이 오는 소리

봄이 오는 소리 들리는가
연화봉 골짜기
잔설 녹아 흐르는 곳

기차바위 언덕 아래
승련사 풍경소리에
양지꽃 돌아 나오고
뒷동산 산새들
짝을 찾아 재잘거리는
봄이 오는 소리 들리는가

놀다

산 그림자
호수에 놀고

나비는
꽃을 찾아 놀고

나는
그대 안에 놀고

개나리

종알종알 봄을 부르는
병아리 같은 여린 아이들

병아리 단지 옹벽에
봄 햇살 안고 방긋방긋

꽃샘바람 슬쩍 스쳐도
아이들 웃음은 지지 않아요

이제, 봄이니까요

달가운 비

모과나무 푸른 잎 사이로
송알송알 연분홍 꽃송이
촉촉이 젖어드는 봄비 속 아침

숨 가쁜 하루의 문턱에도
우리 마음엔
소리 없이 스미는 빗방울 따라
조용한 숨결이 피어납니다

따뜻한 커피 잔을 감싸안고
창밖 흐르는 단비를 바라보는
그런 아침이면 좋겠습니다

홍매화

터질 듯 부풀은 홍매화

봄 햇살에 속살 드러내니

중매쟁이 바쁘게 드나드네

속삭임에 바람도 머물고

참새 떼 짝짓기 바쁜 날

향기에 취한 벌 나비 춤추네

봄 향기 · 1

살랑이는 바람에
봄 향기 묻어와요

스며드는 햇살에
꽃눈도 깨어나요

속삭이는 가지에
새들의 꿈이 피어나고

반짝이는 이슬에
아침이 춤을 춰요

봄 향기 · 2

숨은 듯 돋은 여린 잎
초록세상 만들어
깊이 가려진 당신의
속살처럼 곱다

반짝이는 아침햇살
무지갯빛 사랑은
감미로운 선율을 담고

속삭임인 듯
내 안에 머물러
당신의 볼인 듯

한 송이 꽃처럼
내 마음에 피어나
영원히 간직하고 싶은
봄날의 꿈이 되어주오

아침가리* 골 가는 날

달려가는 차창 너머
산허리에 걸쳐진 운무雲霧

내 마음을 휘감는
그대 그리운 마음에

아스라이 그려지는 임의 얼굴
나의 마음 고동치게 하네

* 아침가리 : 아침에 밭을 간다

하얀 꽃봉오리

회색빛 하늘에서
후드둑 후드둑
빗줄기가 떨어진다

층층나무에 앉아
노래하던 새들도
어디론가 떠나버리고

하얀 꽃봉오리
고개 떨군 자리
빗방울이 방울방울
눈물처럼 흘러내린다

경칩

개구리가 동무들 데리고
개나리 마중 나간대

오늘이 경칩이래

나 초록으로 갈아입고
친구 만나러 가야지

고운 비

하늘에선 꿀비 내려
마른 땅을 적시고

마음엔 임의 꽃비 내려
메마른 가슴 적시니

오늘의 하룻길도 행복하겠네

내 안에 비

오늘같이 비 내리고
그대가 보고 싶은 날에는

생각 속을 걸어 나 온 그대와
커피를 마시고 싶다

오늘같이 비가 내리는 날에는
찻잔을 들고 창가에 기대선다

빗속에서 걸어 나 온 그대가
품속에 그리움으로 담기면

내 안에도 비가 내려
빗속을 걷고 있는 그대를 만난다

안부

이슬 안은 바람이
내 볼을 스치면

난 그대 생각에
안부를 전한다

그대
오늘도 잘 지내라고

봄비

봄비가 대지에 내려
묵은 때를 씻고,
새 생명을 틔웁니다

창밖 빗소리에
마음이 차분해지고,
커피 향은 그리운 사랑을
떠올리게 하네요.

희망처럼 반짝이는
꽃망울에 맺힌 물방울은
오늘따라 그리운 사랑의
향기로 다가옵니다

사월의 산책

봄 향기 품은
꽃길을 따라
너와 나 손잡고

추억 얘기 나누고
사랑 노래 부르며
정겹게 걸어보자

지리산 바래봉
분홍 철쭉 웃음 짓는
사월의 꽃동산

따사로운 햇살
빛과 그림자 만들고
싱그러운 바람
초록의 푸르름
솔향기 품고 있는 곳

새들이 속삭이고
산꽃들 피어 있는 숲속 길
우리 손잡고 걸어가자

봄의 고백

초록이 춤추는 길목
바람에 피어난 노래
민들레 한 송이
봄의 고백을 전하네

햇살 머금은 그대 눈빛
내 마음도 살며시 피어난다
꽃잎 닿은 손끝 따라
너에게 번져간다

봄은 조용히
우리 사이에 머물렀다

의암호의 꽃샘

물결 위로 스며드는
삼악산 찬바람
머뭇대는 봄날
케이블카 눈 속으로
미끄러진다

눈과 비
서로 시샘하듯 흩날리며
잔물결은 출렁이고
흔들리는 창가에
그대 얼굴이 머문다

진달래 꽃잎 위에
살포시 눈이 내려앉고
봄을 맞는 산자락
의암호의 바람은
오늘도 조용히 마음을 건넨다

봄날의 수다

잔잔히 물비늘 흔들리고
산 그림자 내려앉는
횡성호수 둘레길 걸으며
연둣빛 새순처럼
고요히 웃음을 피웠지

물러가는 회색빛 하늘 아래
호숫가 벤치에 앉아
수다 속에 마음을 풀고
흔들리는 애기똥풀 사이로
바람의 숨결을 들었지

그 순간
우리 눈동자엔
고요한 봄이 머물렀어

꽃이 피기까지

비바람 없이 사는 사람은 없습니다
살다 보면 상처도 눈물도 피어나지요

그 모든 시간을 견뎌낸 뒤
우리는 결국 한 송이 꽃이 됩니다

비와 바람은
잠시 머물다 가는 손님
지나고 나면
햇살은 더 고맙게 느껴집니다

행복은 불행보다 조금 더 오래
조금 더 가까이에 머뭅니다

오늘의 아픔도 내일의 꽃이
되어 피어날 것입니다

꽃과 벌

햇살 고운 아침
쥐똥나무 새하얀 꽃잎

방긋 웃는 꽃술에
어디에서 날아왔을까

꿀벌 한 마리
살짝 입맞춤 하더니
훌쩍 날아가 버리네

* 꽃말 : 강인한 마음

벚꽃 아래 연서

하늘빛 물든
너의 눈동자에
살며시 봄이 내려앉고

떨리는 손끝에
닿은 꽃잎 하나
말하지 못한 사랑이 되어
흩날린다

디카시

나비는 바람둥이

이 꽃 저 꽃 넘보다
너울너울 춤사위로
붉은 꽃에 앉더니만

이웃사촌 노란 꽃에
사뿐히 내려앉네

꽃들의 유혹일까
나비의 바람기인가

내일은 어느 꽃에서
꿀만 빨고 가려는지

봄의 노래

움츠리던 나무 끝에서
초록 숨결이 피어나고

겨울잠 깬 개구리
맑은 샘물에 첫울음 퍼뜨린다

새벽빛 머금은 새싹들
흙을 밀어 올리며 꿈을 펼치고

봄바람 살며시 스며들어
만물의 가슴에 온기를 새긴다

수선화

물가에 비친 나를 보며
햇살 속에 고개 세운다

노란 치맛자락 펄럭이며
세상은 내게 물들어라

바람도 잠시 멈추어
나를 닮은 빛을 바라본다

나는 나
스스로 빛나니
봄도 나를 따라 웃는다

짧은 봄날

봄이 지나는 길목에
철쭉 향기 미소로
신록 속에 나부낀다

아지랑이 마법 걸려올 때
짧은 봄날 민들레 홀씨처럼
내게 다가온 그대

봄 깊어지며
계절 지나도
님 향기 따라 꽃길 걷고 싶다

영산홍에게

너는 봄의 입맞춤
햇살보다 먼저 내게 피어

한 송이, 또 한 송이
내 마음 붉히는 고백이
되었지

바람 스쳐도 꺼지지 않는
너의 빛깔 안에
나는 조용히 사랑을 묻는다

희망

미련은 구름에
실려 보내고
아쉬움은 바람에
날려버리고

내일을 바라보며
한 발 한발 걸어가자

햇살에 묻어온
희망을 손에 쥐고
발끝에 피어나는
새벽을 밟으며

마음 꽃

세상에 피는 꽃은
계절 따라 피지만
마음에 피는 꽃은
계절이 없습니다

별도 달도 없는
안개 낀 밤에
시들지 않고 피는 꽃
이 꽃을 당신께 보냅니다

밤하늘 별을 담아
당신 꿈속에
환하게 피어나는
마음의 꽃을 전합니다

나의 한 사람

나는 한 사람을 사랑하네
삶의 길을 걸어오면서
우연치 않게 만난 한 사람

함께한 시간은
얼마 되지 않지만
그로 인한 그리움은
내 인생 전체를 삼키고도
남게 할 것 같은 한 사람

만났던 날보다 더 사랑하고
사랑한 날보다 더 사랑하고
더 많은 시간을 그리워하는 사람

뜬눈으로 밤을 새우다
함께 죽어도 좋을 것 같은 사람
세상의 환희와 종말을
함께 하고픈 사람

부르면 기쁨으로 다가올 이름
내게 가장 큰 희망으로 다가오는 사람

가까이 다가설수록
더욱 가까워지고 싶은 사람

당신을 사랑하네
나는 당신을 사랑하네

바람과 꽃

당신이 건네준 바람에
내 마음은 살랑대며 꽃을 피웁니다

그 바람이 불어올 때마다
나는 찬란하게 피어나지만
그대가 멀리 떠나면
내 꽃잎은 힘을 잃고
한 잎 두 잎 서럽게 지고 맙니다

홀로 남은 꽃은
이슬이 내려앉은 소리에도 떨고
찾아오는 햇살에도 고개를 숙이며
밤하늘 달빛 아래 눈물에 젖어드는
여린 존재가 된답니다

그대는 바람
나는 꽃
오직 그대만의 사랑을 받으며
그대에게만 미소 짓고
그대만을 향해 흔들리는
한 송이 꽃이고 싶습니다

계절이 바뀌고
피고 지는 것이 꽃의 운명이라지만
만약 그대라는 바람이
한곳에 머물러 준다면
나는 영원히 시들지 않을
그대의 꽃이 되리라 믿습니다

힘들 때

마음이 힘들 땐
꽃을 봐
쉽게 피는 꽃은 없어
견디면서 피우는 거야

마음이 지칠 땐
바람을 들여다봐
쉽게 부는 바람도 없어
머물렀다 떠나는 거야

2부
여름 장미

장미 한 송이

빨간 장미 한 송이
예쁘게 포장하여

살랑살랑 불어오는
바람에 실어

햇살고운 그대 창가에
살포시 올려봅니다

그대
활짝 핀 장미꽃처럼
밝은 하루 되라고

장미였던 사랑

햇살 머금은 새벽녘
붉은 그 마음 피어날 때
우리는 서로를 향해 달려갔지

바람이 스쳐도 떨리는 손끝
한잎 두잎 떨구며
향기로 말을 걸던 날들

눈부시게 짧고
조심스레 아팠던
그때의 우리는
참 장미꽃 같았어요

그대라는 장미

햇살 머금은 채
고요히 핀 그대

바람에도 향기 잃지 않던
단정한 고운 자태

마음 다가설까 조심스러워
가시 알면서도 손 내밀었지

스침에도 붉어지던 그대
참 장미 같았지

여름 장미

뜨거운 여름 태양 아래
붉게 타오르는 한 송이 장미

그 향기 속에
여인의 미소가 흐르고
나도 붉게 물들어 간다

손끝에 닿은 꽃잎처럼
내 마음도 떨리며
이 순간의 설렘이
영원히 내 가슴에 남을지 몰라

장미와 그대

출근길 아침
활짝 피어 있는
장미 한 송이

그대 모습을 대하듯
장미를 바라본다

웃음 가득한 모습으로
나를 반기는
그대를 생각하며

그대 얼굴을 대하듯
장미꽃을 바라본다

행복한 아침

비췻빛 하늘에
꽃바람 불어오고

이슬 머금은 꽃송이
그 빛을 발하며

싱그러운 햇살에
상쾌한 아침

오늘도 그대가
행복했으면 좋겠네

오늘

싱그러운 햇살과
상큼한 아침 공기로
활기찬 하루를 엽니다

담장에 핀 장미꽃이
발걸음을 멈추게 하고
하늘엔 조각구름이
흐릅니다

마음 한켠 피어나는
잔잔한 미소 하나 품고
오늘을 조용히 걸어갑니다

중년의 외로움

비 오는 날이면
하얀 미소로 내게
다가올 것 같은 사람

삶의 짐이 무거워
힘들어할 때
커피 한 잔 내밀며
토닥토닥 다독여 줄 사람

외로움에
먼산바라기 할 때

전화 와서 지금 뭐 해
파도 소리 들으러 가자는 사람
한 사람 있었으면 좋겠다

길양이(외로움)

모두가 꿈속에 빠져들고
보안등 불빛마저 희미해진
고요하고 적막한 밤하늘 아래

어둠이 가득한 구름 사이로
번개가 번쩍 우르르 쾅
빗줄기가 쏟아진다

담벼락 너머 처마 밑
누군가를 기다리던 길양이
홀로 외로이 밤을 지새운다

그리움

부드러운 향이 좋아
카페라테 한 잔을 마신다

그녀도
카페라테를 좋아했다

내리는 빗방울 세어가며
그리움을 마신다

아름다운 고통이라는 그리움을
커피잔에 넣어 함께 마신다

비 오는 밤

비 내리는 이 밤
사랑이란 목마름이 더욱 깊어진다

초라한 내 모습 속에 우울함이 스며들어
그리움의 빗줄기가 온몸을 적시네

떨어지는 낙숫물 소리에
그대 생각이 떠오른다

빗물에 섞인 그대와의 기억
함께 나누던 시간들
가슴 한복판에 그리움이 촉촉이 내려앉는다

비 오는 이 밤
그대가 더욱 그립다

비 내리는 오후

사랑했던 그 여인이
물안개처럼 스쳐가며

커피숍 창가에 앉아
고요히 내리는 빗소리 듣네

젖은 유리창 너머로 스며드는 흐린 오후
그대와 마주 앉았던
정다운 날들이 떠오른다

커피 한 모금에 그리움이 퍼지고
물방울 사이로
그대 이름이 흐른다

그때 그 사람

창밖에 비가 내려요!
오늘같이 비 내리는 날에는
그 사람 생각이 나요

해맑은 웃음으로 내게 다가와
속삭이던 그 사람
감미로운 음악이 흐르는
까페에 마주 앉아

헤이즐넛 커피향에
다정한 눈빛으로 사랑을
주고받던 그때 그 시절
이렇게 비가 내리는 날엔
그 사람 생각이 나요

라디오에서는
그때 그 사람이 흘러나오고
창밖에는 그날처럼 비가 내려요

여인아

이슬처럼 왔다가
안개처럼 사라져 간 여인아
어느 하늘 아래에 살아가고 있을까
지나간 그 옛날이 엊그제만 같은데

그리워 그리워서 불러보는 사랑아
바람처럼 왔다가 연기처럼 사라져 간 여인아
세월이 흘러간 뒤 빛바랜 추억 속에
파도처럼 밀려오는 그리움이 일렁이네

그리워 그리워서 불러보는 옛 노래

빗소리

촉촉이 내리는 비가
마음에 들어온다
젖은 창가에 기대어
잊었던 그리움이 피어난다

고요히 스며든 빗소리
묵은 상처를 쓰다듬고
내 안에 숨어 있던
눈물 한 줄기 흘러내린다

비 끝에 걸린 무지개처럼
희미한 미소가 번지며
잊은 줄 알았던 사랑이
조용히 이름을 속삭인다

커피

쓴맛 단맛 다 보았소

뜨거운 맛 차가운 맛도 보았소

고소한 맛도 있습니다

인생이 그러한 것처럼

내 마음의 꽃

어느 날 운명처럼 만난 사람
때론 흔들리고 또 흔들리는
마음이지만

있는 그대로의 진솔한 감정
조건 없는 사랑으로
내 안에 온전함을 되찾고

인생의 항로 갈림길에서
가벼운 미소로 나를 대할 수 있는 당신은
내 마음의 소중한 꽃입니다

연륜(年輪)

나이를 먹는다는 건
예쁜 꽃이 피고 지는 것처럼
자연스러운 일
강물은 흐르고 바다는
고요히 그 품을 열어
모든 것을 받아들이는 것처럼
세상은 순리대로 흘러가네

주름이 늘어가는 얼굴 속엔
수많은 강과 바다가 담겨 있고,
꽃처럼 되었던 순간들이
시간의 바람 속에서 더욱
깊어져 인생은 그 자체로
한 폭의 풍경이 된다

몸과 마음

몸은 나이를 먹어도
마음은 아직도 이팔청춘

눈가엔 주름이 늘었어도
웃음 속엔 설렘이 남아

가슴속 작은 불씨,
꺼지지 않는 꿈을 태우며

오늘도 삶의 길 위에서
청춘을 노래하네

빈손

빈손으로 왔다
빈손으로 떠나는 인생길

어차피 모든 것
놓고 가야 할 길이라면
나누며 살아가면 좋겠네

탐욕과 시기는 버리며
미운 마음 내려놓고
사랑 나눔 하면서

흐르는 물처럼
그렇게 살다 가면 좋겠네

아름다운 삶

명지바람에
한들거리는 나뭇잎처럼

푸른 물결 위를 자유롭게
날갯짓하는 갈매기처럼

흐르는 물이 멈추지 않고
마침내 큰 강을 이루듯

우리의 삶도 아름다운
꽃을 피우고 열매 맺기를
소망합니다

봉숭아꽃

햇살에 물든 붉은 꽃
어머니 손길로 물든 손톱처럼
자식 마음에 물들었네

장독대 퍼지는 된장 냄새처럼
어머니 사랑 은은히 스며
내 마음속 깊이 자리 잡네

봉숭아 꽃잎 같은 작고 여린 사랑
자란 나무 되어
어머니 닮은 그늘 아래
나는 다시 어릴 적 그리네

여름의 노래

나무 그늘 깊숙이 매미의 노래
태양의 뜨거운 낮이
그 목소리로 물든다

수액 찾아 긴 여정
땅속에서 기다림 끝내고

푸른 잎사귀 사이로 날아오르며
자유의 노래를 부른다

잠시의 생애
그러나
그 소리는 영원하리

매미의 울음 속에
여름의 모든 이야기가 담겨있다

장맛비 가시고

며칠 만에 맞는 아침 햇살에
새들의 합창이 울려 퍼집니다

운무 걷힌 초록산
세상이 눈에 환히 들어오네요

쏟아지던 장맛비가 멎고
맑고 깨끗한 하늘 아래

비에 눌렸던 꽃잎들이
환하게 미소 짓습니다

어제는 비 오늘은 폭염

어두운 곳에서 쌓아 올린 지렁이 흙탑
쥐며느리 바쁜 걸음에
뒤따르는 일개미들

하늘 향해 펼쳐있던
나뭇잎 고개 떨구고
폭염주의 알리는 라디오

열내며 돌아가는 선풍기도 힘겨워 하는데
벚나무 밑에 누워 있는
애마만이 한가로이 낮잠을 즐긴다

소원바위 앞에서

정령산 줄기 따라 초록 숨결 걷다 보면
소원바위 품 안에
계곡물 맑은 소리 흐른다

평상에 둘러앉아 도시락 나누며
말보다 깊은 정이
웃음으로 번진다

바람은 가지 사이로
소망하나 슬쩍 훔쳐 가고
햇살은 조용히 오늘을 덮는다

소담하게 살다

바람결 스미는 대로
햇살 머무는 만큼만

내 마음 한켠에도
꽃 피워두고

소리 없이 피어나는
들꽃 한 송이처럼

화려하지 않아도
곁을 환히 밝혀주는

그렇게
소담하게 살다 가고 싶다

날라리 벌

모두가 같은 꽃에
고개를 박고 있을 때
나 혼자
먼 산을 넘는다

처음 보는 냄새
낯선 빛깔에
심장이 벌렁인다

"또 딴짓이냐"고
웅성대는 소리
바람에 흘려보내고

나는 오늘도
누군가 아직 찾지 못한
단 하나의 꿀을 찾아 날아간다

작은 빛

끈임없는 아픔 속에서도
간헐적인 행복으로 이루어지는
우리 삶

어두운 밤하늘 아래
별 하나 놓아 주듯
잠시라도 빛을 건네지

그 빛이 작아 보여도
나를 살게 하는 건
언제나 그 작은 빛이니까

오늘도 아프겠지만
간헐적인 행복은
결국 나를 일으킬 거야

뜨거운 사랑

하늘에 불가마
구멍이 났나

두둥실 떠가는
솜사탕 녹이고

달아오른 정열
사랑을 쏟아붓네

뜨거운 그 사랑
감당할 수 없어

그늘에 숨어
타는 가슴 쓸어내리네

성삼재

안개구름은 부드럽게 산을 감싸고
냉장고 바람이 얼굴을 스치네

하늘과 맞닿은 고갯마루에서
땀방울 씻어 내니
마음속에 청량한 바람이 일렁인다

바람 속에 담긴 이야기들
구름 속에 숨은 추억들
성삼재의 품에서 하나가 되네

폭염 아래서

햇살이
세상 끝까지 달려가
땅 위를 달군다

숨 고르는 나뭇잎
그늘 찾는 바람

하지만 우리 마음만은
마르지 않기를

이 뜨거움 지나면
또 다른 계절이 오리니
웃음 잃지 말자

그늘

불볕더위 쏟아지는 한낮
층층나무 잎새 사이
부서지는 빛결

까치 한 마리
그늘진 가지에 앉아
젖은 깃털 털듯
시원한 바람결에 몸을 씻는다

숨 막히는 여름에도
작은 그늘 아래
잠시 머무는 바람 한 줄기
세상은 식어간다

비 오는 날의 순례자

땅속 어둠을 집 삼아
말없이 살아오던 지렁이 하나
장대비 쏟아진 날
세상의 끝이라도 된 듯
젖은 흙을 밀치고 올라왔다

살기 위해 떠난 길
그 길 끝엔
삶도 땅도 없었다

차가운 시멘트 바닥 위
누구도 돌아보지 않는 자리
그는 긴 몸을 누이고
빗물에 몸을 맡긴다

우리도 그와 다르랴
세상의 폭우 속
살기 위해 나선 길 위에서
종종 돌아갈 곳을 잃곤 하지

살아 있다는 건

숨 쉬고 있다는 건
보이지 않는 기적이 흐르는 것

맥박이 뛰고 있다는 건
어제의 어둠을 지나
오늘도 빛 속에 서 있다는 것

누군가를 웃게 하고
세상에 작은 보탬이 되는 일

대단하지 않아도 좋다
그저 잘 웃고 재미있게 살아가며
하루하루 건강하고 행복하게

우리의 삶은
살아 있다는 그 자체로
기적이고 은혜이며 끝없는 축복이다

오늘도 숨 쉬는 이 시간이
당신에게 기적과 은혜
축복의 순간이 되길 바랍니다

달비[*]

달빛 고운 밤
가만히 내리는 비
은빛 물결 따라
세상도 숨을 죽인다

흩어지는 빗방울 속
그대 생각이 피어나
잠든 마음 깊이
조용히 젖어든다

* 달비: 달빛을 머금은 비

한 송이 꽃

오랜 침묵
잎새 사이 숨죽인 시간

해를 품고
바람을 삼킨 끝에

드디어
학란이 꽃을 피웠다

산모가 진통 끝에 새 생명을 품듯
기적 같은 한 송이

피어남은 곧
세상의 첫 울음

양귀비꽃 앞에서

바람이 스치자
한 잎 붉은 입술이 떨린다

가녀린 그 숨결 따라
햇살도 살며시 멈춰 서고

피었다는 말도
졌다는 말도 못 한 채

이 몸
그대는 한순간 나를 물들인다

잠시 머물다

긴 기다림 끝
햇살이 한 잎 피었다

말없이 견딘 시간
꽃잎에 다 담긴다

스쳐간 바람에도
그윽한 향이 남는다

삶은
한 번의 피어남이 아니라
다시 피어날
이름 모를 계절이다

달을 품은 월류봉

월류봉에 걸린
달빛 한 점

흐르던 강물도
숨을 죽이고

바람 따라 솟은
바위 끝에서
내 마음도
잠시 머물다 가네

새벽을 열다

새벽을 여는
자연의 소리가
감동으로 다가오고

지저귀는 새소리가
즐거움으로 내려앉은
싱그러운 아침

이슬 머금은 꽃잎이
그 자태를 자랑하듯

우리 오늘 하루도
이슬 담은 꽃처럼
싱그러운 하룻길 열어가요

동반자 · 1

물결 이는 강가를 함께 걷노라면
햇살 속에 머물러 있는
우리 그림자

손 맞잡고 마음 나누니
길 끝마저 두렵지 않네

동행의 기쁨 그 끝없는 이야기
함께라면 어떤 바람도 따스하리

오늘도 내일도 이어질 발걸음
하나의 빛으로 우린 늘 함께 하리

동반자 · 2

상냥한 마음의 결을 타고
정다운 손길이 다가와
나의 마음을 헤아려주는 이여

서로의 그림자마저 보살피며
긴 세월을 함께 걸어가네

끝 날까지 변치 않을 약속
우리의 동반 그 길 위에
빛나는 별이 되리라

익어간다

꽃 진 자리마다
열매가 익어가고

시간이 흐름에 따라
우리도 익어가고

햇살에 물들어
마음도 여물어 가고

서로의 온기에
삶이 깊어져간다

저무는 인생길

가을빛 물든 발자국 위에
긴 그림자만 남겨두고
흐린 달빛마저 서성이며
묻혀가는 어제의 이름들

덧없이 흘러간 시간의 강물
그 위로 떠가는 작은 나룻배 하나
뒤돌아볼 때 멀리 사라지는
추억들로 가득 찬 항구가 있다

헛되다

헛되고 헛되다
바람처럼 흩어지는 삶
잡으려 해도 손가락 사이로
사라지는 순간들

시간은 흐르고
꿈도 함께 떠내려가네
우리가 남긴 것은 무엇일까
기억도 흐릿한 채

꽃은 피고
다시 시들며 흙으로 돌아가
아무리 찬란해도
결국엔 다 잊혀지리라

그러나 그 속에서도
빛나는 순간들이 있네
헛됨 속에 숨겨진 작은 의미를
찾아내는 우리

하룻길

장대비 산하 휘젓고 지나간 뒤
산들바람 새소리 청아한 아침

많은 날 살아왔고
여전히 많은 날 남아 있기에

또 하루
오늘을 살아가는 삶 아니겠나 싶다

오늘
하룻길 참 좋았다
행복했다 말할 수 있기를

3부
가을이 오는 길목

처서

불볕더위 대지 태울 때
땀방울 땅에 닿아 사라지고

바람조차 숨죽인 그늘 속에
지친 마음 가을을 꿈꾸네

처서가 오니 더위는 길 떠나고
서늘한 기운 풀잎에 내려앉네

매미 노래 멀어지고
가을 서곡이 은은히 울리네

9월

우렁차게 울리던 매미 소리
처연(凄然)하게 들리니
여름은 저물고 가을이 다가오네

목에 힘주던 벼들도
황금빛으로 고개 숙이고
앞마당 대추 붉게 물들어 빛을 발하네

우리의 가을도 잘 익은 호박처럼
붉은 사과처럼
풍성하고 깊게 익어가길 바라네

술의 밤

잔 위로 넘실대는 달빛
서늘한 바람과 함께
목을 적시는 깊은 여운

쓴맛에 담긴 이야기는
낮의 무게를 벗어나
새벽의 별로 흩어지고

잔잔히 흔들리는 잔 속
기억의 파도가 스며들어
지친 마음을 감싼다

술이란
마음의 그늘을 밝혀주는
작은 등불 같아서

그림자

검푸른 밤하늘
조각별 흩어지고,

나는 긴 밤을
홀로 지새운다

스미는 바람 소리
귀를 적시며 스쳐가고

그리움의 그림자만
긴 밤 끝에 아득히 드리우네

가을이 오는 길목

어김없이 찾아오는
가을 길목에

이슬 맺힌 코스모스
한들거리는데

서늘한 바람
나뭇잎 스치며

붉은 노을 서서히
물드는 하늘에

작은 새소리만
고요를 깨우네

가을 싣고 오다

길섶에 차례 없이
어우러진 풀잎 위에
몰래 앉은 이슬 속에
가을이 스며들었다

끝나지 않을 듯
머물던 더위도
새벽녘엔 물러가고

창문 닫게 하는 바람이
가을을 실어 왔다

가을

양떼구름 흘러가는
높고 맑은 하늘 아래

망초머리 흩어지고
노란 소국 꽃피우는
오솔길 따라
설악에 오르는 길

설익은 자홍단풍
지나가는 솔바람이
눈앞에 후득 떨구고 간다

가을 햇살

바다처럼 맑고 푸른 하늘에서 오는
따스한 가을 햇살 아래 서 있으면

다림질한 옷같이
마음의 구김살이 펴진다

가을 햇살 참 좋다

그 온기 속에서
마음도
세상도
부드럽게 피어오른다

가을 사랑

가을비 나뭇잎에 내려앉고
창가에 부딪히는 빗방울 소리

그대 발걸음 내게로 다가오는 듯
서늘한 바람에 옷깃을 여미고,

떨리는 마음 은은한 빛으로 물들어
잊지 못할 그리움 살며시 피어오르네

가을비 속
그대와 나의 사랑도 조용히 속삭이는 듯

멀어진 사랑

눈에서 멀어지면
마음에서도 멀어진다던데
미운 정 고운 정 짧은 추억
한 가슴 남기고 멀어져 간 여인

소멸되지 못한 빛바랜 그리움
차갑게 달무리 진 보름달이
미완의 빈 가슴을
내려다보며 미소 짓네

구름 한 조각

세월 베고 길게 누운
구름 한 조각
바람이 불어와
별빛에 실려가네

저 하늘 끝에서
달빛과 춤을 추고
잠든 강물 위에
은은히 스며드네

詩와 연애 중

시와 연애 중이란 건
저물녘 별빛에
마음을 우려내는 일

말끝에 맺힌 침묵 하나
시 한 줄에 흘려보내고

가끔은 문장보다
쉼표가 많은 날도 있지
말 못 한 너로 가득한
더 깊은 밤을 건너며

그럴 때면 문득 알아
사랑한다는 그 말 대신
눈물로 적는 고백이란 걸

가만히 접은 종이 위
너의 계절이 흘러들고
조용히
너라는 꽃이 피는 밤

시월의 끝자락

어둠 걷히고
아침이 밝아오면
언젠가의 가을
진한 커피 향 남기고
떠나버린 사랑처럼

이제
떠날 때가 되었다고
귓가에 속삭이듯
온 산이 붉게 타고
은행잎 노랗게 내려앉는
시월의 끝자락이여

커피잔에 담긴 사랑

진한 커피향에
스며든 기억
떠나버린 사랑의
온기 남아

이제 떠날 때라며
붉게 물든 가을빛
추억 속으로 사라지네

쌓여진 낙엽 위에 홀로 걷다
그리움 뚝뚝 떨어져
바람에 흩날리며
가을은 조용히 지나간다

만추(晚秋) · 1

수채화를 그린 듯
온 산이 붉게 물들고

기온은 서서히 내려가
옷깃을 여미게 하는 아침

다람쥐는 겨울 식량 모으기에 분주하고
가을은 점점 깊어만 갑니다

가난한 시인은
떨어지는 낙엽을 마음속에
담으며 오늘을 맞이합니다

만추(晚秋) · 2

나목 위로 떠도는 구름
서리 내린 바람 끝에
단풍의 속삭임 흩어지고

지나간 계절의 흔적들
낙엽 되어 발밑에 쌓인다

차가운 빛 머금은 하늘
겨울 문턱에서
잠시 멈춘 시간이여

머지않아 눈이 내리면
추억도 하얗게 덮이리

춤추는 가을

코끝을 스치고 지나는 바람
코스모스 길가에 수를 놓고

한가로이 하늘거리는
잠자리 날개짓에

햇살이 살며시 내려앉아
그림자마저도 춤을 추네

산

꽃 피는 봄날
푸르름 자랑터니
가을빛 익어갈 때
고운 옷 갈아입고

세상을 유혹하는
불타는 산이여
낙엽 되어 흩날리는 날엔
추억 속 미소로 답하리라

아~ 멋진 삶이었다고
바람 속 속삭임처럼

가을색

가을빛에 물든 산 아래
고운 낙엽이 개울 따라 흐르고

쑥부쟁이, 산국, 구절초
청초한 꽃들이 수놓은 동산
오솔길 따라 가을을 걷는다

노을빛 머문 하늘 아래
잠시 멈춘 바람이
낙엽에 입 맞추며 속삭인다

계절 끝자락에
가을은 한 점 그리움 되어
고요히 머무른다

- 아침 고요 수목원에서

가을밤

깊어가는 가을밤
어둠 밝히며 외로움에
졸고 있는 가로등

내리는 빗방울 토닥토닥
그 외로움 다독인다

뜰 아래 임 부르는 귀뚜라미
밤새도록 애절하게 울어대고,

저 멀리 숨 가쁘게 달려가는
화물차 금속성 소리
적막한 밤 깨우며 지나간다

저무는 가을

추적추적 내리는 비
곱게 물든 낙엽 떨구네

떨어진 낙엽에 가을 깊어
겨울이 다가오네

따뜻한 커피 한 잔 앞에 두고
낭만에 젖는 여유도 사치일까

겨울이 지나면 먼 산 뻐꾸기 울고
아지랑이 피어나면
봄이 다시 오겠지

세월

가을이 깊어가면서
바람에 낙엽이 뒹구는
것을 세월이라 합니다

이 아침 찬바람이
문을 두드리며
조용히 겨울을 준비하라
속삭이네요

따뜻한 마음으로 하루
시작하시길
세월 속에서도 늘
빛나시길 바랍니다

기다림

거미는 허공에
그물을 치고

어부는 물결에
그물을 던진다

빈손이어도 삶이다

4부
겨울의 문턱에서

11월

가을이 깊어 저만치
겨울이 다가오는 이제 11월이네요
마음은 아직도 봄날 같지만
겨울은 어느새 발걸음을 재촉하고
찬바람 속에 숨은
따스함을 찾아 헤매이는 날이네요

바람이 낙엽을 다독이며
속삭이듯 우리는 시간의 강을 건너며
마음속 꽃밭을 지키려 애쓰지요

얼어붙은 길 끝에서
피어날 새봄을 기다리며
이 계절을 함께 맞이해요

겨울비

겨울을 재촉하듯
찬비가 낙엽을 품에 안고 내린다
비가 그친 뒤엔
기온이 뚝 떨어진다는데

며칠 남지 않은 12월
빠르게 흘러가는 세월 속에서
우리네 인생도 쉴 틈 없이
달려가고
때아닌 빗소리가
문득 감성을 두드린다

이런 날엔 모든 걸 내려놓고
아늑한 카페 창가에 앉아
진한 커피 향을 음미하며
옛 노래 한 소절에
마음을 기대고 싶다

한로(寒露)

찬 이슬 내린 들녘
묵은 풀잎들 머리 숙이고,
바람은 가볍게
마지막 잎새 떨구네

짧아지는 해는 긴 그림자
남기고
가슴속엔 알 수 없는
그리움이 스며드는 때

시간은 더디게 흐르지만
어느새 또 한 계절이
잠시 머물다 가는구나

입동(立冬)

겨울 문턱 입동
찬바람 스쳐가는 길목에
통나무집 작은 틈새로
겨울 준비하는 동박새

파란 하늘 아래
가느다란 날갯짓으로
차가운 겨울 맞이하네
소리 없는 약속처럼

어느새 겨울이
살며시 문을 여는 계절

황혼에 들어

황혼의 시간 속에
우리 두 손 맞잡고
저무는 태양의 붉은 노을처럼

우리 눈 속에 담긴
따스한 빛
황혼의 고요 속에

우린 영원이라는 강을 건너
당신과 나 사랑의 그림자
황혼의 빛보다 아름다우리

겨울의 문턱에서

유유히 흐르는 시간에 매달려
밝아오는 새 아침
날로 쌀쌀해지는 겨울의 문턱에
오늘을 시작합니다

고운 잎 낙엽 되어
휘이 부는 바람에 날리니
휑한 마음에 세월의 무상함을
느끼게 합니다

가을 끝자락 아쉬움 뒤로하고
겨울 맞을 준비해야겠지요
소중한 사람들과
사랑 채움 하는 하루
보내기를 기도합니다

첫눈

어제는 을씨년스럽게 찬비가 내리더니
오늘 아침 눈을 뜨니
나무 위로 눈꽃이 피었어요
얼어붙은 시간 속에서도
피어나는 생의 기적처럼

회색빛 하늘에선
지금도 눈이 내려요
고요히 마음을 감싸는 위로가 되지요

어제의 찬비
오늘의 눈꽃
삶의 한 조각이라며
하얀 눈송이로 세상을 덮어요

겨울 까치

앙상한 가지 위
까치 한 마리 머물러
바람의 속삭임 들으며
겨울의 고요를 새긴다

희뿌연 하늘 끝자락
눈송이 기다리며
차가운 침묵 속에서
작은 생명 꿈을 잉태하네

홍시

외로운 나목 끝
붉게 남은 홍시 하나
병실 창 너머에 비친
누워 있는 나를 닮았다

'우리 친구 할까?'
물음에 고운 침묵으로 답하고
'그래, 우리 친구 하자'
낙엽처럼 가벼운 맹세를 나눴다

그러나 친구가 되고 보니
근심이 자라났다
어느 날 찬바람 불어와
너를 나무에서 떼어 가면
나 홀로 어떻게 서 있을까

텅 빈 가지를 어루만지며
너와 나 서로의 온기를
붙들고 싶은 계절 끝자락

가지 사이로 스미는
따스한 햇살 한 줄기
그 속에서 너를
다시 떠올리며 희망을 심는다

눈

겨울 혹한의 바람 속
하얀 눈발이 들판을 덮고
나목은 고요히 잠든 채
대지 위에 작은 생명 숨 쉬네

엄마 품에 안긴 아기
따스한 숨결로 차가운 밤을 이기고
눈 속에서 피어나는 사랑
그 위에 세상이 쉬어가네

하얀 꽃밭

매서운 칼바람
할퀴고 지난 뒤
하얀 눈꽃 밭 만들었네

하얀 꽃밭 위
새겨진 발자국
따스한 온기 덮고 가네

소복소복 쌓인 그리움
발끝 자꾸만 머뭇거리네

발끝 머뭇거리다 문득
돌아보니 멀어져 가는
시간 속에 희미한 미소 하나 남았네

태백의 설경(雪景)

눈송이 내리어
하얀 꽃을 피웠네

태백이 온통
백설기로 변했네

혼탁한 마음 씻으려
눈꽃 송이 내리셨나

따뜻하게 지내라
목화솜을 내리셨나

하늘이 그려놓은 수묵화요
겨울산의 절경이라

동백꽃

눈 쌓인 나무에서 한 번
떨어져 땅에서 또 한 번
내 가슴에서 붉게 다시 한 번

흩날려도 지지 않는 꽃
한겨울에도 피는 마음
차가운 바람에 스며들어
끝내 따스한 봄을 부르리

동백의 겨울

추운 겨울 숨죽인 설경 위
황량한 바람이 쓸고 가면
붉게 타오르던 동백은
침묵 속에 통째로 지고

눈꽃 사이로 흩어지는 꽃잎은
차디찬 대지에 마지막 온기를 남기네
황량 속 피어난 작은 생명
결국엔 쓰러져도 아름다웠노라

혼란의 계절

깊은 어둠이 내려앉은 나라
민심은 길 잃은 새떼처럼 흩어지고
권력의 손아귀는 더욱 단단히 움켜쥐네

계엄령 그 차가운 세 글자
칼끝처럼 민중의 목을 겨누고
자유의 숨결은 얼어붙은 강물처럼 멈추네

법과 정의의 이름으로 외쳐진 소리
그러나 그 뒤에 감춰진 탐욕의 그림자
국정은 어지럽고 진실은 감춰진 채로

누가 이 계절을 책임질 것인가
황폐한 들판에 남은 희망의 씨앗은
언제 다시 피어날 것인가

빛은 어둠 속에서 찾아온다 했으니
민중의 소리 진실의 외침이
다시금 봄을 부를 날을 기다리며
그 깃발에 담긴 뜻은 결코 꺾이지 않을지니

곧 오는 봄처럼

힘들지
조금만 견뎌봐
곧 좋은 날이 올 거야

바람 끝 매서워도
꽃눈은 조용히 돋아나듯
너의 마음에도
따스함이 스며들 거야

오늘이 긴 어둠 같아도
새벽은 늘 찾아오잖아
멈추지 마
천천이라도 한 걸음 내디디면
너를 반기는 빛이 거기 있을 거야

희망의 멜로디

봄의 노래 한 줄 피어
고운 꿈으로 퍼져 가네

들꽃도 살며시 화답하며
설렘 가득 춤을 추고

졸던 개울도 깨어나서
맑은 음률 흘려보내네

따스한 숨결 머금은 채
살랑이는 버들잎 위로

희망의 멜로디 퍼져가며
온 세상이 빛나네

황의수 제2시집

마음 꽃

초판 발행일 2025년 9월 5일

지은이 황의수

펴낸이 양상구
디자인 김초롱
펴낸곳 도서출판 채운재
주소   우) 01314 서울시 도봉구 시루봉로 15라길 38-39 301호
전화   02-704-3301
팩스   02-2268-3910
H · P   010-5466-3911
E-mai ysg8527@naver.com

정가 12,000원
ISBN 979-11-92109-93-0(03810)

@ 황의수 2025

* 이 책은 저작권법에 따라 보호받는 저작물이므로 무단전재와 무단복제를 금지하며 이 책의 내용 전부 또는 일부를 이용하려면 반드시 저작권자와 도서출판 채운재의 동의를 받아야 합니다
* 파손 및 잘못된 책은 구입처에서 교환해 드립니다